ysgol - سکول   2
teithio - سفر   5
cludiant - ٹرانسپورٹ   8
dinas - شہر   10
tirwedd - منظر   14
bwyty - ریستورنٹ   17
archfarchnad - سپر مارکیٹ   20
diodydd - مشروب   22
bwyd - کھانا   23
fferm - فارم   27
tŷ - کھار   31
lolfa - لونگ روم   33
cegin - باورچہ خانہ   35
ystafell ymolchi - باتھ روم   38
ystafell plentyn - بچیاں نا کمرہ   42
dillad - کپڑے   44
swyddfa - دفتر   49
economi - معیشت   51
swyddi - پیشہ   53
offer - ٹولز   56
offerynnau cerdd - موسیقی نے آلات   57
sŵ - چڑیا کھار   59
chwaraeon - کھیڈنا   62
gweithgareddau - کم   63
teulu - کنبہ   67
corff - جسم   68
ysbyty - ہسپتال   72
argyfwng - ایمرجنسی   76
y Ddaear - زمین   77
cloc - گھڑی   79
wythnos - ہفتہ   80
blwyddyn - سال   81
siapiau - شکلاں   83
lliwiau - رنگ   84
cyferbyniadau - مخالف   85
rhifau - اعداد   88
ieithoedd - بولی   90
pwy / beth / sut - کون/ کی / کیوں   91
ble - کتھے   92

Impressum
Verlag: BABADADA GmbH, Nedderfeld 112 , 22529 Hamburg
Geschäftsführer / Verlagsleitung: Harald Hof
Druck: Books on Demand GmbH, In de Tarpen 42, 22848 Norderstedt

Imprint
Publisher: BABADADA GmbH, Nedderfeld 112 , 22529 Hamburg, Germany
Managing Director / Publishing direction: Harald Hof
Print: Books on Demand GmbH, In de Tarpen 42, 22348 Norderstedt, Germany

ysgol
سکول

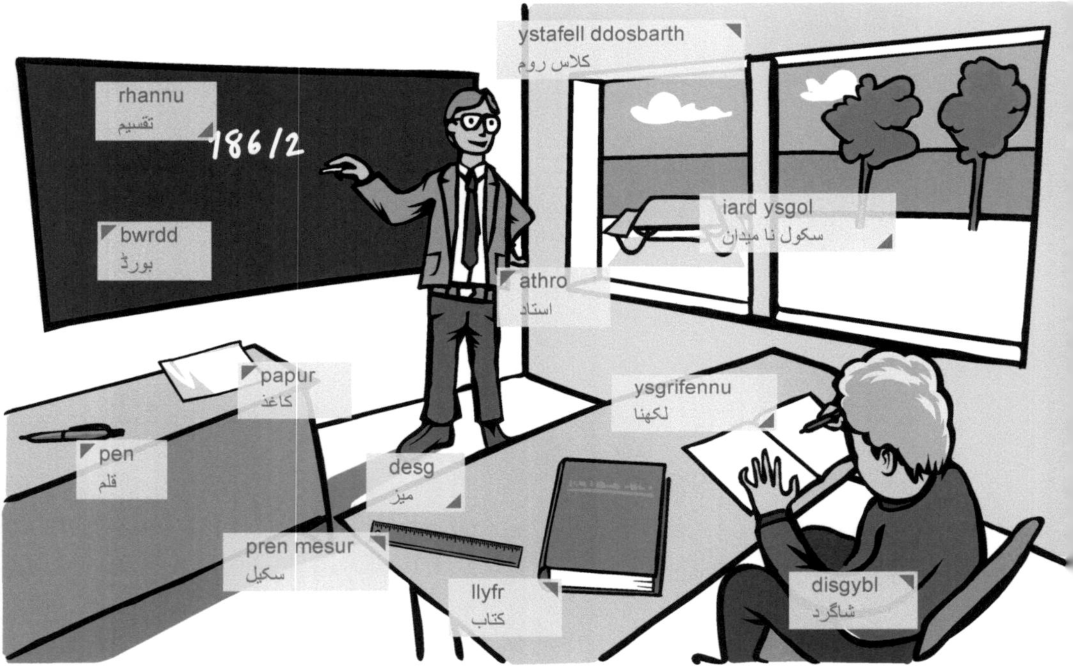
ystafell ddosbarth
کلاس روم
rhannu
تقسیم
186/2
bwrdd
بورڈ
athro
استاد
iard ysgol
سکول نا میدان
papur
کاغذ
ysgrifennu
لکھنا
pen
قلم
desg
میز
pren mesur
سکیل
llyfr
کتاب
disgybl
شاگرد

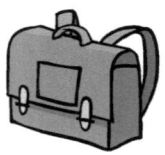

bag ysgol

جزدان

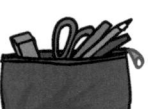

blwch penseli

پینسل دا ڈبہ

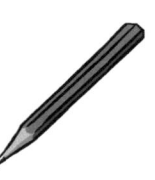

pensil

پینسل

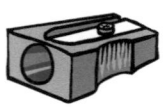

peth rhoi min ar bensil

پینسل شارپنر

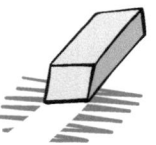

rwber

ربر

pad arlunio

ڈرائنگ پیڈ

llun

ڈرائنگ

brws paent

پینٹ بـرش

blwch paent

پینٹ باکس

siswrn

قینچی

glud

گلو

llyfr ysgrifennu

مشقی کتاب

gwaith cartref

گھر دا کم

12

rhif

عدد

2+2

ychwanegu

جمع

5-2

tynnu

تفریق

2×2

lluosi

ضرب

cyfrifo

کیلکولیٹ

A

llythyren

خطره

ABCDEFG
HIJKLMN
OPQRSTU
VWXYZ

gwyddor

حروف تہجی

hello

gair

لفظ

testun

متن

darllen

پڑھنا

sialc

چاک

gwers

سبق

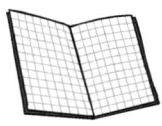

cofrestr

رجسٹر

arholiad

امتحان

tystysgrif

سند

gwisg ysgol

سکول کی وردی

addysg

تعلیم

gwyddoniadur

انسائیکلوپیڈیا

prifysgol

یونیورسٹی

microsgop

مائیکرو سکوپ

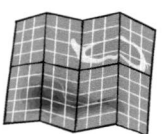

map

نقشہ

basged papur gwastraff

کچرے کا ڈبہ

teithio

سفر

gwesty
ہوٹل
Grand
hostel
ہاسٹل
ROOMS
EXCHANGE
swyddfa gyfnewid
ایکسچینج دفتر
cês dillad
سوٹ کیس
car
کار

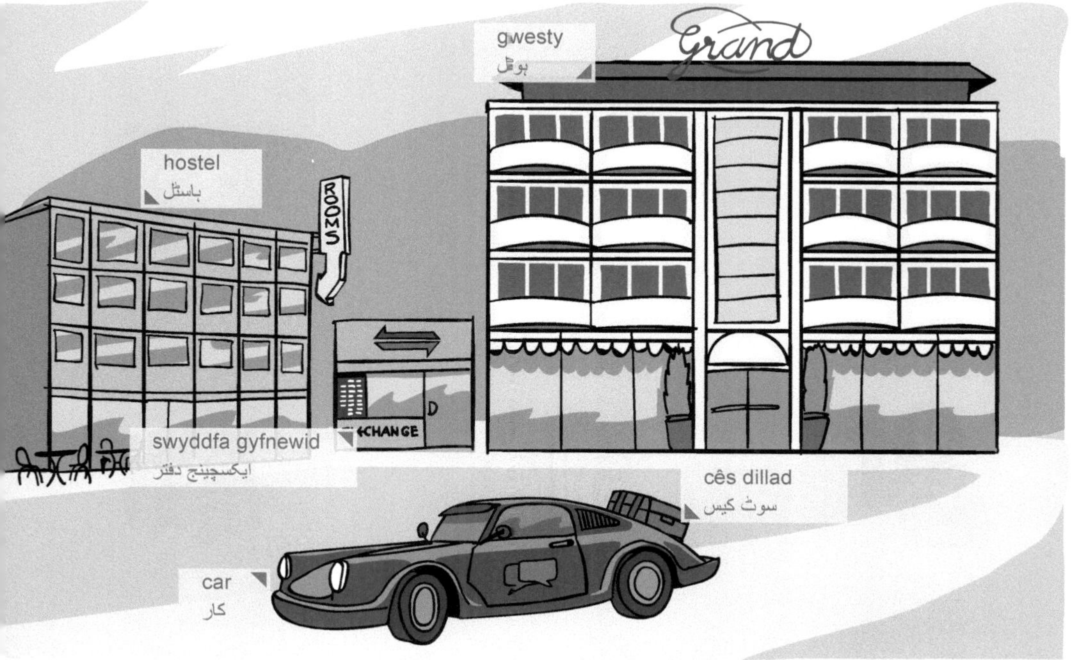

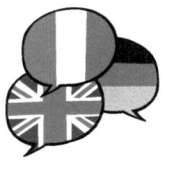

iaith

بولی

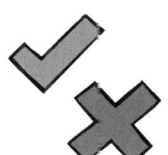

ie / na

ہاں /نئیں

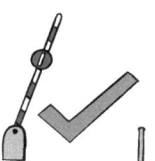

iawn

ٹھیک ہے

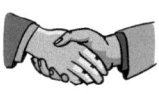

helo

اسلام و علیکم

cyfieithydd

ترجمان

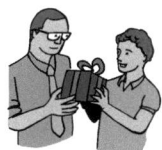

Diolch yn fawr

شکریہ

faint yw ...?

ایہہ کنے نے ؟

Dw i ddim yn deall

می سمجھ نئیں رلی

problem

مسئلہ

Noswaith dda!

اسلام و علیکم

Bore da!

اسلام و علیکم

Nos da!

اللہ حافظ

hwyl

اللہ نے حوالے

cyfarwyddyd

سمت

bagiau

سامان

bag

بیگ

gwarbac

بیک پیک

gwestai

مہمان

ystafell

کمرہ

sach gysgu

سلیپنگ بیگ

pabell

خیمہ

gwybodaeth i ymwelwyr

سياح لئی معلومات

traeth

ساحل سمندر

cerdyn credyd

کریڈٹ کارڈ

brecwast

ناشتہ

c nio

دوپہر ن کھانا

swper

رات نا کھانا

tocyn

ٹکٹ

l fft

لفٹ

stamp

مہر

ffin

بارڈر

tollau

کسٹمز

llysgenhadaeth

ایمبیسی

fisa

ویزا

pasbort

پاسپورٹ

cludiant

ٹرانسپورٹ

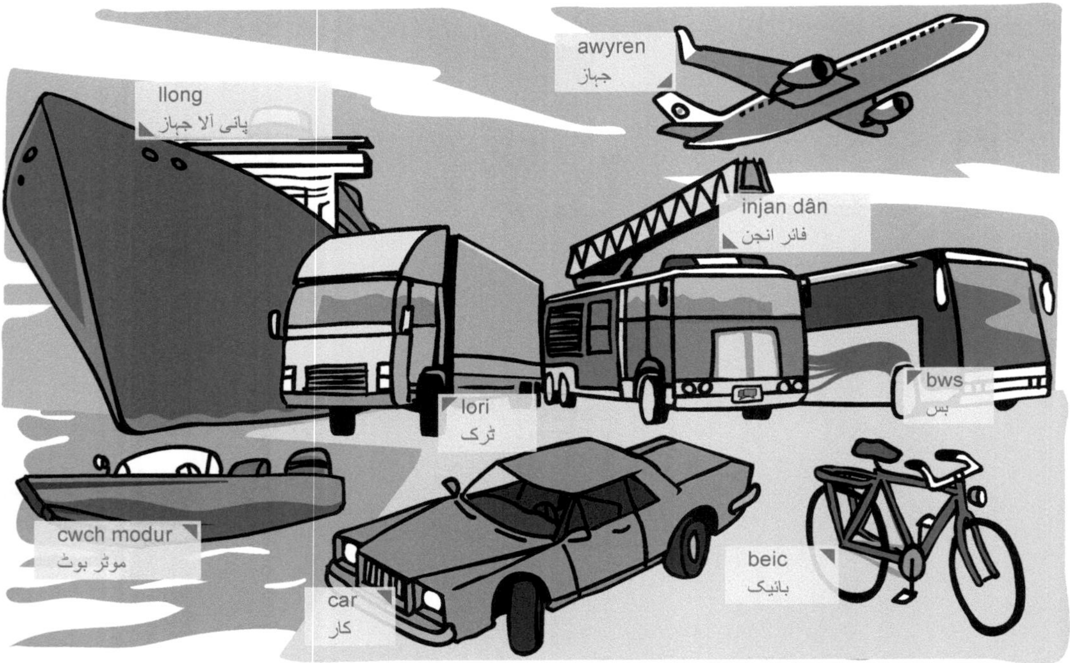

awyren
جہاز
llong
پانی آلا جہاز
injan dân
فائر انجن
bws
بس
lori
ٹرک
cwch modur
موٹر بوٹ
beic
بائیک
car
کار

fferi

فیری

cwch

کشتی

beic modur

موٹر بائیک

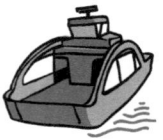

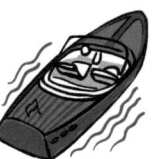

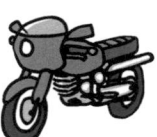

car yr heddlu

پولیس کار

car rasio

ریسنگ کار

car wedi'i rentu

کرایہ نی گڈی

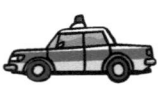

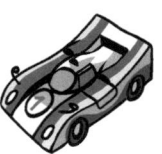

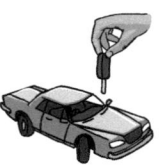

rhannu car

کار شیئرنگ

lori tynnu

بریک ڈاؤن ٹرک

lori ysbwriel

ریفیوز ٹرک

modur

موٹر

tanwydd

فیول

gorsaf betrol

پٹرول سٹیشن

arwydd traffig

ٹریفک سائن

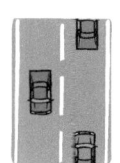

traff g

ٹریفک

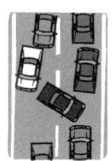

tagfa draffig

ٹریفک جام

maes parcio

کار پارک

gorsaf drennau

ریل سٹیشن

traciau

ٹریکس

trên

ریل

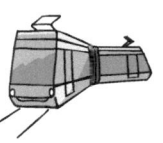

tram

ٹرام

wagen

کیرج

hofrennydd

بیلی کاپٹر

maes awyr

انر پورٹ

twr

مینار

teithiwr

مسافر

cynhwysydd

کنٹینر

paced

کاٹن

cert

چھکڑا

basged

بالٹی

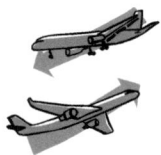

esgyn / glanio

اڈّنا / لبنا

dinas

شہر

pentref

پنڈ

canol y ddinas

سٹی سینٹر

tŷ

گھار

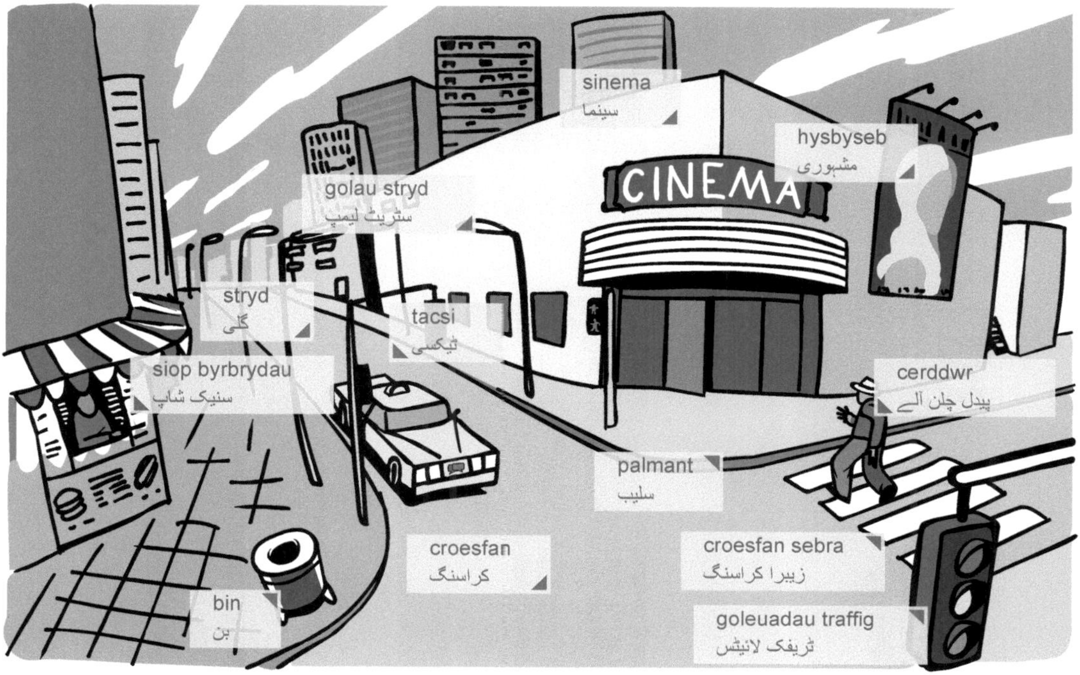

sinema — سینما

hysbyseb — مشہوری

golau stryd — سٹریٹ لیمپ

stryd — گلی

tacsi — ٹیکسی

siop byrbrydau — سنیک شاپ

cerddwr — پیدل چلن آلے

palmant — سلیب

croesfan — کراسنگ

croesfan sebra — زیبرا کراسنگ

bin — بِن

goleuadau traffig — ٹریفک لائیٹس

CINEMA

---

cwt

بٹ

fflat

فلیٹ

gorsaf drennau

ریل سٹیشن

neuadd y dref

ٹاؤن ہال

amgueddfa

میوزیم

ysgol

سکول

prifysgol

یونیورسٹی

banc

بینک

ysbyty

ہسپتال

gwesty

ہوٹل

fferyllfa

فارمیسی

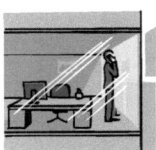

swyddfa

دفتر

siop lyfrau

کتب خانہ

siop

ہٹی

siop flodau

پھلاں اے

archfarchnad

سپر مارکیٹ

farchnad

بازار

siop adrannol

ڈیپارٹمنٹ سٹور

siop bysgod

مچھیرے

canolfan siopa

شاپنگ سینٹر

harbwr

بندرگاہ

parc

پارک

banc

بنچ

pont

پل

grisiau

سیڑھیاں

rheilffordd danddaearol

انڈر گراونڈ

twnnel

ٹنل

safle bws

بس سٹاپ

bar

بار

bwyty

ریسٹورنٹ

blwch post

پوسٹ بکس

arwydd stryd

سٹریٹ سائن

mesurydd parcio

پارکنگ میٹر

sŵ

چڑیا گھار

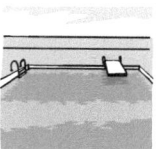

pwll nofio

سوئمنگ پول

mosg

مسجد

fferm

فارم

llygredd

آلودگی

mynwent

قبرستان

eglwys

چرچ

maes chwarae

پلے گراؤنڈ

teml

مندر

tirwedd

منظر

deilen

پتہ

arwydd cyfeirio

سائن پوسٹ

ffordd

راہ

dôl

سر سبز میدان

carreg

پتھر

coeden

درخت

heiciwr

ہائیکر

afon

دریا

glaswellt

گھاس

blodyn

پھول

cwm

وادی

bryn

پہاڑی

llyn

نہر

coedwig

جنگل

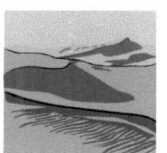

anialwch

صحرا

llosgfynydd

آتش فشاں

castell

قلعہ

enfys

رین بو

madarchen

کھمبی

palmwydden

پام ٹری

mosgito

مچھر

pryf

مکھی

morgrugyn

چیونٹا

gwenyn

مکھی

pryf copyn

مکڑی

chwilen

بهونرا

llyffant

مينڈک

gwiwer

گلہری

draenog

سيہم

ysgyfarnog

ساہيا

tylluan

الو

aderyn

پرنده

alarch

ہنس راج

baedd

نر سور

carw

برن

elc

باره سنگا

argae

ڈیم

tyrbin gwynt

ونڈ ٹربائن

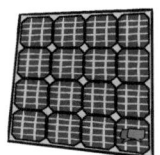

panel haul

شمسی توانائی دا پینل

hinsawdd

آب و ہوا

bwyty
ریسٹورنٹ

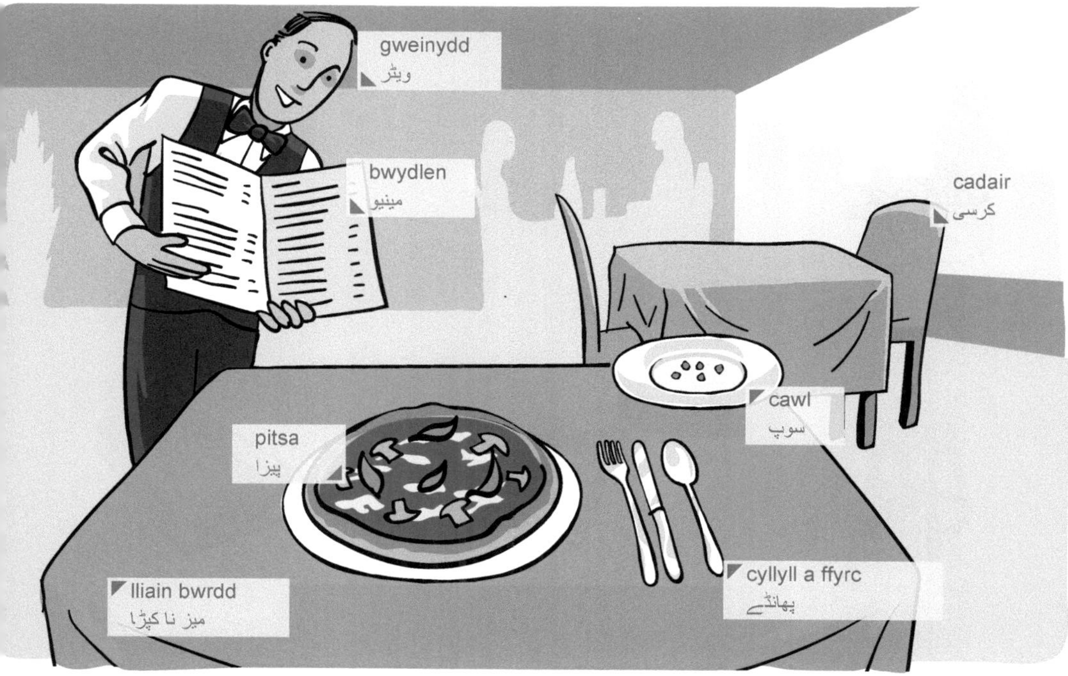

gweinydd
ویٹر
bwydlen
مینیو
cadair
کرسی
cawl
سوپ
pitsa
پیزا
lliain bwrdd
میز نا کپڑا
cyllyll a ffyrc
پھانڈے

cwrs cyntaf

سٹارٹر

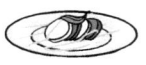

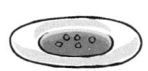

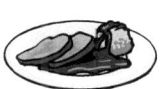

prif gwrs

مین کورس

pwdin

ڈیزرٹ

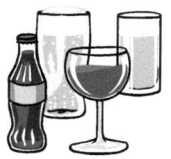

diodydd

مشروب

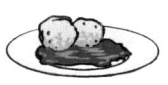

bwyd

کھانا

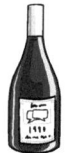

potel

بوتل

bwyd cyflym

فاسٹ فوڈ

bwyd y stryd

سٹریٹ فوڈ

tebot

ٹی پاٹ

powlen siwgr

شوگر بول

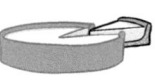

dogn

پورشن

peiriant espresso

اسپریسو مشین

cadair plentyn

بےبی چیئر

bil

بل

hambwrdd

ٹرے

cyllell

چھری

fforc

کانٹا

llwy

چمچ

llwy de

ٹی سپون

napcyn

تولیہ

gwydr

گلاس

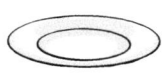

plât

پلیٹ

plâ: cawl

سوپ پلیٹ

soser

ساسر

saws

چٹنی

pot halen

نمک دانی

melin bupur

پیپر مل

finegr

سرکہ

olew

تیل

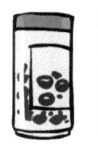

sbeisys

مصالحہ

saws coch

کیچپ

mwstard

سرسیٹوں

mayonnaise

مینیز

archfarchnad
سپر مارکیٹ

cynnig arbennig
سپیشل آفر
FOR
cwsmer
گاہک
cynnyrch llaeth
ڈیری
ffrwythau
پھل
troli
ٹرالی

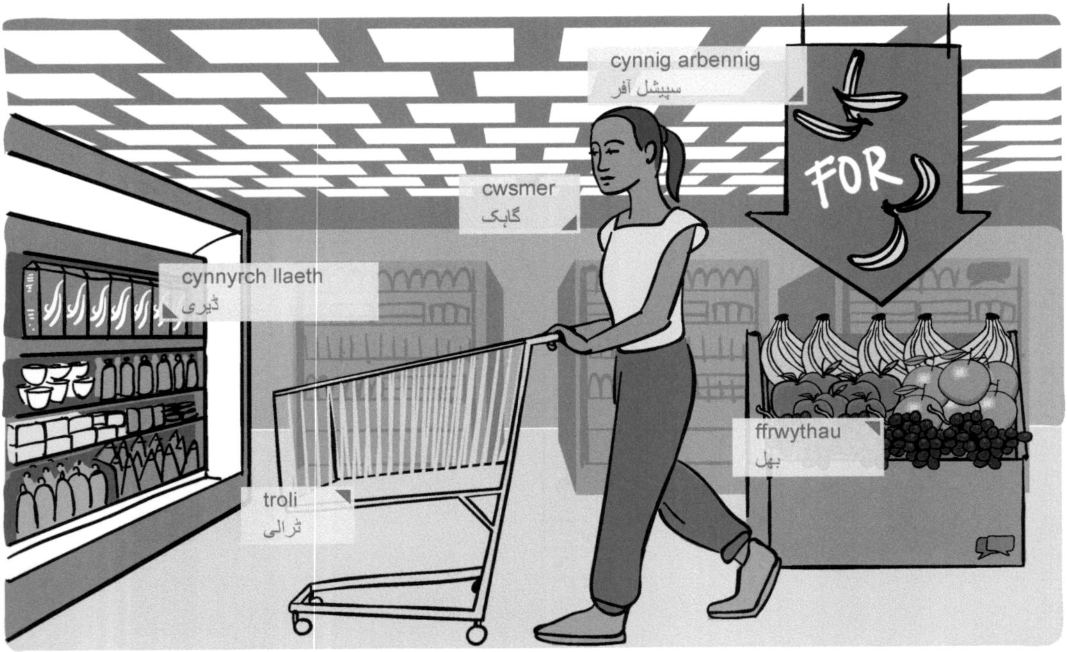

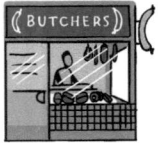

BUTCHERS

siop gig

قصائی

BAKERY

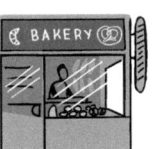

siop fara

بیکرز

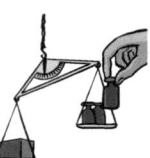

pwyso

وزن

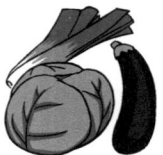

llysiau

سبزیاں

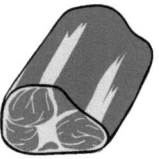

cig

گوشت

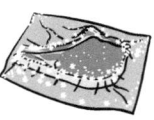

Bwyd wedi'i rewi

فروزن فوڈ

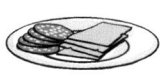

cig oer

کولڈ گوشت

bwyd tun

ٹن فوڈ

powdr golchi

واشنگ پوڈر

da-da

مٹھائی

cynnyrch cartref

گھار دیاں چیزاں

cynhyrchion glanhau

صفائی آلی چیزاں

gwerthwraig

سیل مین

til

ٹل

ariannwr

کیشئیر

rhestr siopa

شاپنگ لسٹ

oriau agor

کھلن دا ویلا

waled

پرس

cerdyn credyd

کریڈٹ کارڈ

bag

بیگ

bag plastig

پلاسٹک بیگ

dŵr

پانی

sudd

جوس

llefrith

ددھ

côc

کوک

gwin

شراب

cwrw

شراب

alcohol

شراب

coco

کوکا

te

چا

coffi

کافی

espresso

اسپریسو

cappuccino

کپیچینو

ffrwchledd

کیلا

ɛfal

سیب

oren

موسمبی

melon

تربوز

lemwn

نیمو

moronen

گاجر

garlleg

لہسن

bambŵ

بانس

nionyn

پیاز

madarchen

کھمبی

cnau

میوے

nwdls

نوڈلز

sbageti

چاول سپیگیٹی

reis

چاول

salad

سلاد

sglodion

چپس

tatws wedi'u ffrïo

تلے ہوئے آلو

pitsa

پیزا

hambyrger

بیم برگر

brechdan

سینڈوچ

cytled

تکے

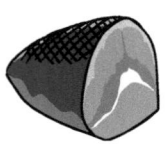

ham

بیم

salami

سلامی

selsig

ساسج

cyw iâr

مرغی

rhost

بھنیا ہویا

pysgodyn

مچھی

ceirch uwd

جو نا دلیم

miwsli

مولی

creision ŷd

کارن فلیکس

blawd

آٹا

croissant

کرنسنٹ

bynsen

بریڈ رول

bara

روٹی

tost

ٹوسٹ

bisgedi

بسکٹ

menyn

مکھن

ceuled

دہی

teisen

کیک

wy

انڈا

wy wedi' ffrïo

تلیا انڈا

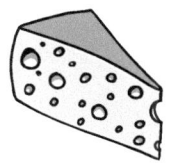

caws

پنیر

hufen iâ

آئس کریم

siwgr

چینی

mêl

شہد

jam

جام

siocled taenu

چاکلیٹ سپریڈ

cyri

سالن

ffermdy
فارم ہاؤس

bwrn gwellt
ونڈا

ysgubor
گودام

maes
جیویں

ceffyl
گھوڑا

ôl-gerbyd
ٹرالی

ebol
بچھیرا

tractor
ٹریکٹر

asyn
کھوتا

dafad
بھیڈ

oen
بھیڑ

gafr
بکری

buwch
گاں

llo
بچھڑا

mochyn
سور

porchell
پگ لیٹ

tarw
بیل

gwydd

بطخ

hwyaden

بطخ

cyw

چوزہ

iâr

مرغی

ceiliog

مرغا

llygoden fawr

چوبا

cath

بلی

llygoden

چوبا

ych

بیل

ci

کتا

cwt ci

کتے نا کھار

pibell ddŵr

لان نا پانپ

can dŵr

پانی نا ڈبی

pladur

درانتی

aradr

بل

cryman

درانتی

fforch chwynu

ہو

picwarch

ترنگل

bwyell

کوہاڑی

berfa

ریڑھی

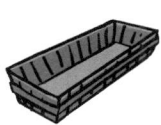

cafn

ڈونگا

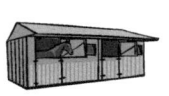

tun llefrith

دودھ کا ڈبہ

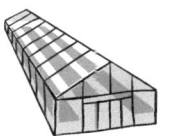

sacᴝ

بورا

ffens

باڑ

stabl

اصطبل

tŷ gwydr

گرین ہاؤس

pridd

مٹی

hedyn

بیج

gwrtaith

کھاد

dyrnwr medi

کمبائن ہارویسٹر

cynaeafu

فصل

cynhaeaf

فصل

iamau

يامز

gwenith

كنك

soi

سويا

tysen

آلو

grawn

مكئى

had rêp

تلى

coeden ffrwythau

پهلدار درخت

manioc

كاساوا

grawnfwydydd

اناج

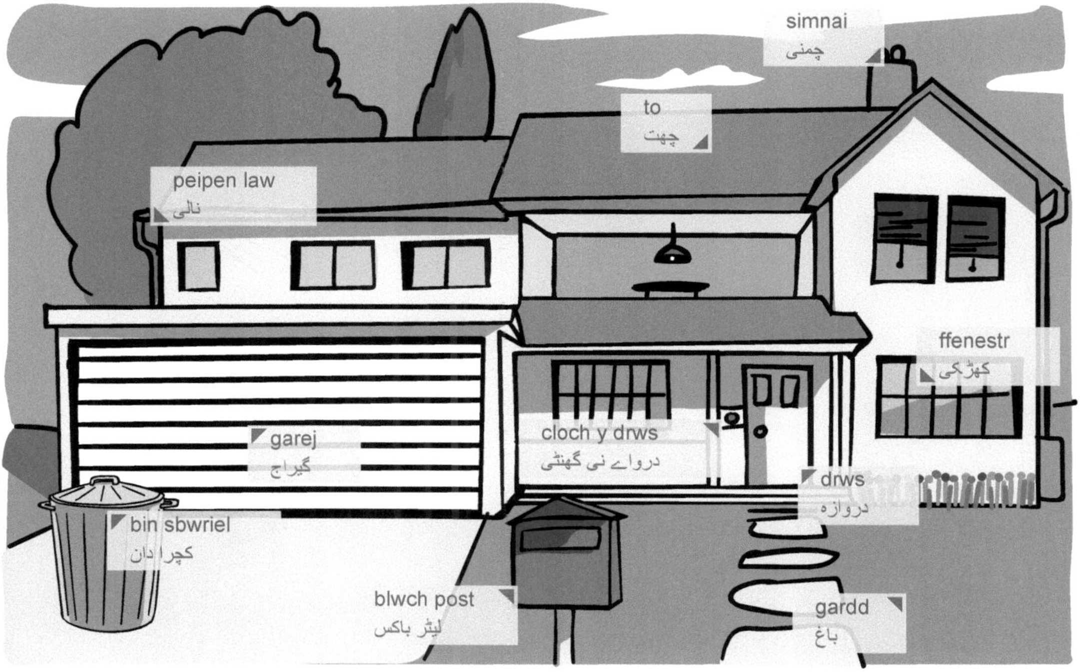

simnai
چمنی

to
چھت

peipen law
نالی

ffenestr
کھڑکی

garej
گیراج

cloch y drws
دروازے نی گھنٹی

drws
دروازہ

bin sbwriel
کچرا دان

blwch post
لیٹر باکس

gardd
باغ

lolfa

لونگ روم

ystafell ymolchi

باتھ روم

cegin

باورچہ خانہ

ystafell wely

بیڈروم

ystafell plentyn

بچیاں نا کمرہ

ystafell fwyta

ڈائننگ روم

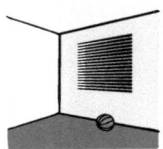

llawr

فرش

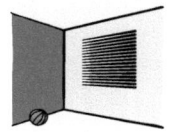

wal

دیوار

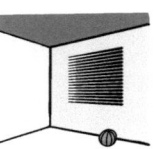

nenfwd

چھت

seler

سلھا

sawna

سوانا

balconi

بالکنی

teras

ٹیرس

pwll

پول

peiriant torri gwair

لان موور

taflen

شیٹ

gorchudd gwely

بیڈ سپریڈ

gwely

بیڈ

ysgub

جھاڑو

bwced

بالٹی

swits

سونچ

lolfa

لونگ روم

papur wal
وال پیپر
llun
تصویر
lamp
لیمپ
silff
شیلف
cwpwrdd
الماری
teledu
ٹیلیویژن
lle tân
آگ دان
blodyn
پھل
clustog
کشن
soffa
صوفہ
fâs
گلدان
rheolydd o bell
ریموٹ کنٹرول

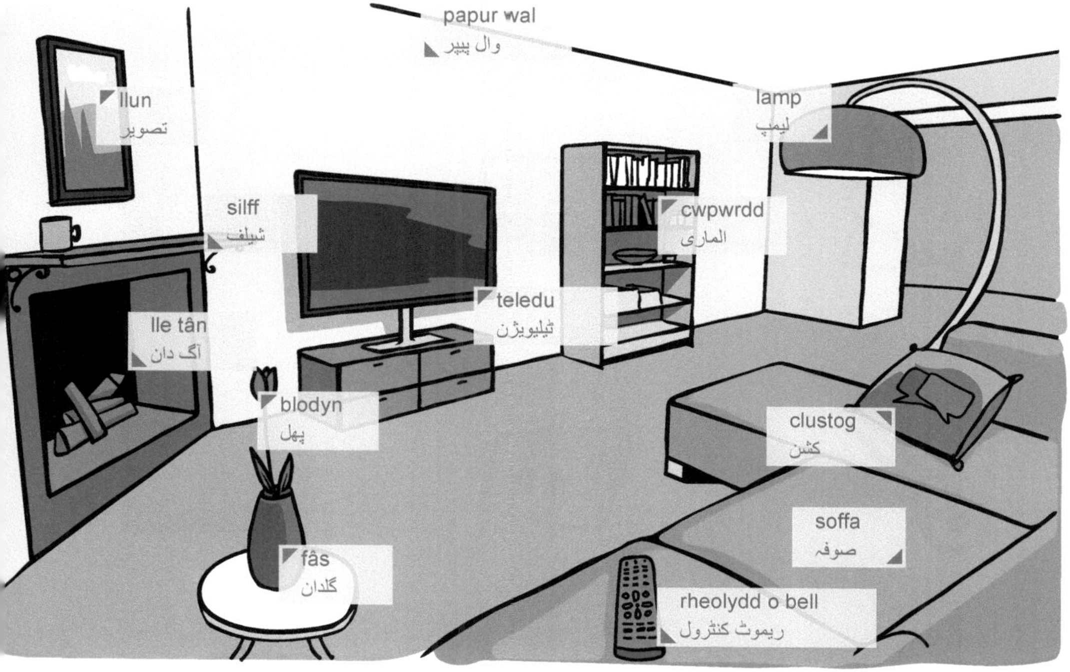

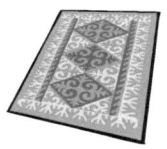

carped

قالین

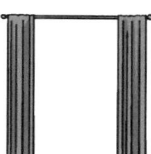

llen

پردے

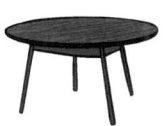

bwrdd

میز

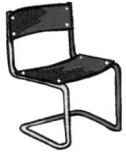

cadair

کرسی

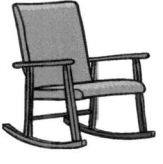

cadair siglo

راکنگ چئیر

cadair freichiau

آرم چئیر

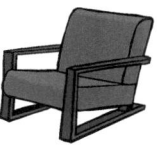

llyfr

کتاب

blanced

کمبل

addurn

ٹیکوریشن

coed tân

کولے

ffilm

فلم

hi-fi

ہائی فائی آلات

agoriad

چابی

papur newydd

اخبار

darlun

پینٹگ

poster

پوسٹر

radio

ریڈیو

llyfr nodiadau

نوٹ پیڈ

hwfer

بوور

cactws

کیکٹس

cannwyll

موم بتی

cegin
باورچہ خانہ

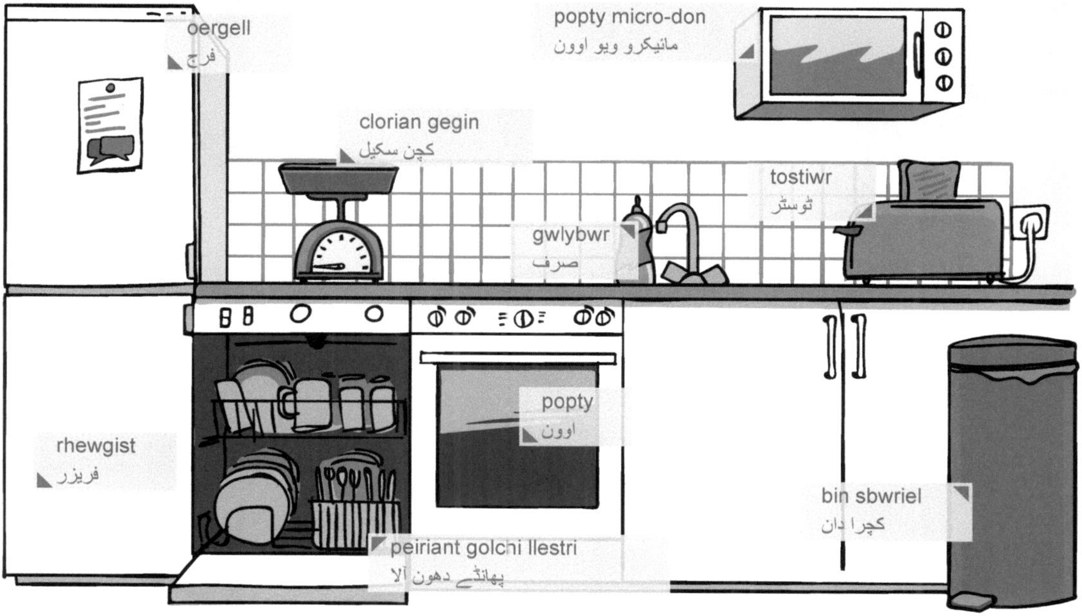

oergell
فرج
popty micro-don
مائیکرو ویو اوون
clorian gegin
کچن سکیل
tostiwr
ٹوسٹر
gwlybwr
صرف
popty
اوون
rhewgist
فریزر
bin sbwriel
کچرا دان
peiriant golchi llestri
پھانڈے دھون آلا

popty
ککر

pot
پاٹ

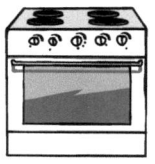

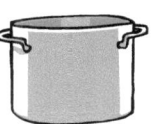

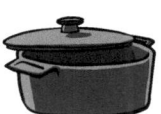

pot haearn bwrw
کاسٹ آئرن پاٹ

wok / kadai
ووک / کدائی

padell
پین

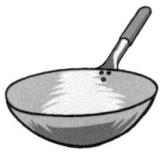

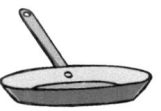

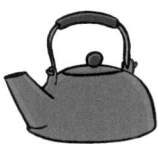

tegell
کیتلی

sosban stemio

سٹیمر

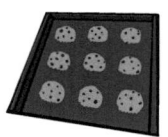

hambwrdd pobi

بیکنگ ٹرے

llestri

بھانڈے

mwg

مگ

powlen

پیالہ

gweill bwyta

چوپ سٹکس

lletwad

کرچھل

ysbodol

اسپالی

chwisg

پھینٹن آلا

hidlydd

چھننا

gogr

چھننی

gratiwr

جھاواں

morter

کھان پکان آلا چمچہ

barbeciw

باربی کیو

tân agored

چولھا

bwrdd torri cig

کٹنگ بورڈ

rholbren

رولنگ پن

tynnwr corcyn

کارک سکرو

tun

کین

peth agor tuniau

کین کھلون آلا

clwt pot

پاٹ پگڑن آلا

sinc

سنک

brws

برش

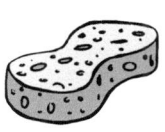

sbwng

سپنج

peiriant cymysgu

بلینڈر

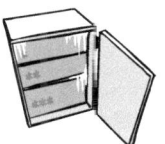

rhewgell

ڈیپ فریزر

potel babi

بچے نی بوتل

tap

ٹوٹی

gwres
پیتنگ

cawod
شاور

tywel
تولیه

llen gawod
شاور کرتن

baddon ewyn
بیل باته

baddon
نهان آلا ثب

gwydr
گلاس

peiriant golchi
واشنگ مشین

teils
ثائل

tap
ثوثی

potyn
پاخانه

sinc
سنک

tŷ bach

ثوائلث

toiled cyrcydu

ثوائلث

bidet

بثّت

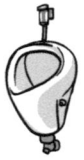

troethfa

پیشاب

papur tŷ bach

ثوائلث پیپر

brws tŷ bach

ثوائلث برش

brws dannedd

ٹوتھ برش

past dannedd

ٹوتھ پیسٹ

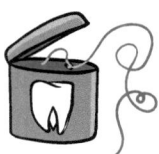

edau ddannedd

ڈینٹل فلاس

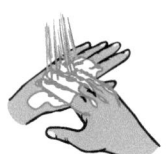

golchi

دھونا

cawcd llaw

بتھ وچ پھڑں آلا شاور

golchfa

شاور

basn

بیسن

brws-ôl

بیک برش

sebon

صابن

gel cawod

شاور جیل

siampŵ

شیمپو

gwlanen

فلالین

ffos

نالی

hufen

کریم

diaroglydd

ڈیوڈرنٹ

drych

آئینہ

drych llaw

ہاتھ آلا شیشہ

rasel

استرا

ewyn eillio

شیونگ فوم

sent eillio

آفٹر شیو

crib

کنگھا

brws

برش

sychwr gwallt

ہئیر ڈرائر

chwistrell gwallt

ہئیر سپرے

colur

میک اپ

minlliw

لپ سٹک

farnais ewinedd

ناخن نی وارنش

gwlân cotwm

کاٹن وول

siswrn ewinedd

ناخن کتر

persawr

پرفیوم

bag ymolchi

واش بيگ

stôl

پخانہ

clorian

وزن دا پیمانہ

gŵn baddon

باتھ نی الماری

menig rwber

ربر نے دستانہ

tampon

بفر

tywel misglwyf

تولیہ سٹینڈ

toiled cemegol

کیمیکل ٹوائلٹ

ystafell plentyn

بچیاں نا کمرہ

cloc larwm
الارم کلاک
tegan anwes
کھڈونے
car tegan
کھڈونا گڈی
cleciwr
ھڑھڑ
tŷ dol
گڈی نا کھار
anrheg
تحفہ

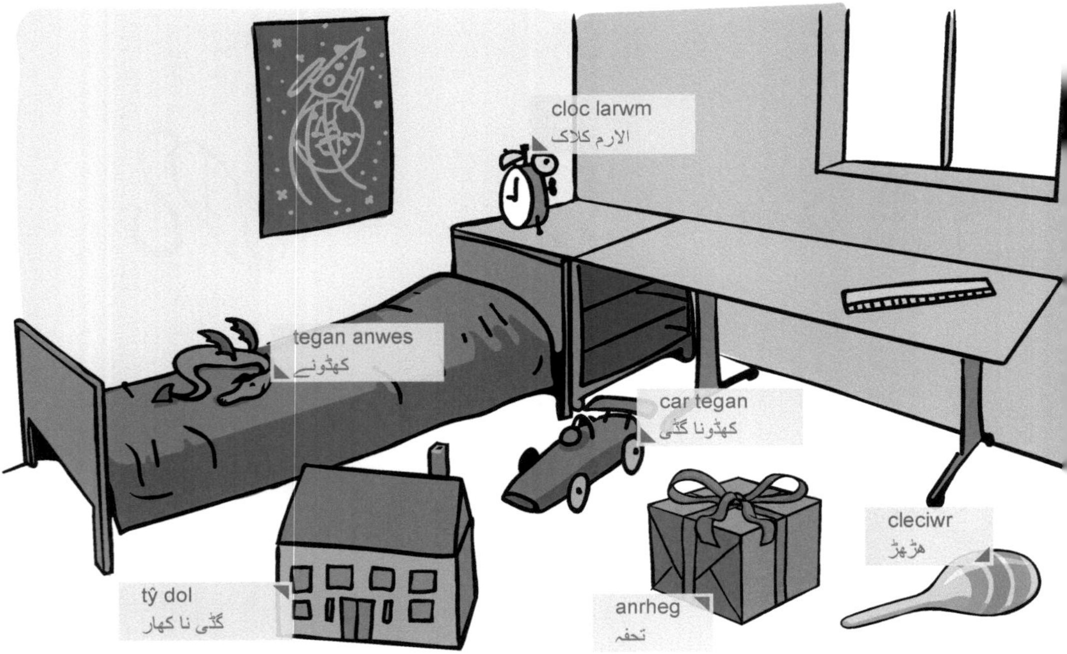

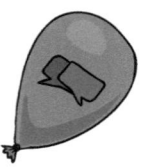

balŵn

پھکانا

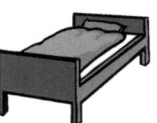

gwely

بیڈ

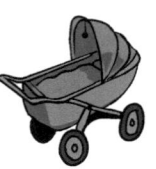

pram

پرام

pecyn o gardiau

تاش نے پتے

jig-so

جگ سا

SUPER MEGA

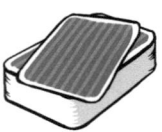

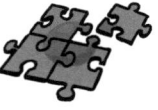

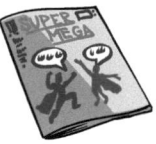

comic

کامک

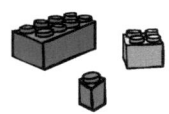

brics Lego

لیگو بركس

blociau adeiladu

بلڈنگ بلاكس

ffigur gweithredu

كھڈونا

babygro

بےبی گرو

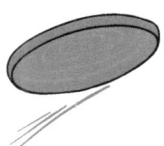

ffrisbi

فرزوی

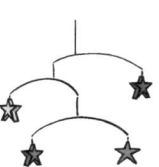

ffôn symudol

موبائل

gêm fwrdd

بورڈ گیم

deis

ڈائنس

set model trên

ماڈل ٹرن سیٹ

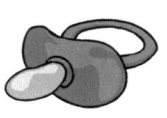

teth lwgu

ڈمی

parti

پارٹی

llyfr lluniau

تصویری كتاب

pêl

گیند

dol

گڈی

chwarae

كھیڈنا

pwll tywod

سینڈ پٹ

swing

جھولا

teganau

کھلونے

consol gemau fideo

ویڈیو گیم کنسول

beic tair olwyn

ٹرائی سائیکل

tedi

ٹیڈی بیئر

cwpwrdd dillad

الماری

dillad

کپڑے

hosanau

جرابان

hosanau

جرابان

teits

ٹائٹس

sgarff
سکارف

ymbarél
چھتری

crys-t
ٹی شرٹ

gwregys
بیلٹ

esgidiau
بوٹ

sliperi
سلیپر

esidiau ymarfer
جوگر

sandalau
....
سینڈل

esgidiau
....
جوتی

esgidiau rwber
....
ربر نے جوتی

trôns
....
انڈر ویئر

bra
....
برا

fest
....
بنیان

corff

جسم

trowsus

پاجامہ

jîns

جینز

sgert

سکرٹ

blows

برا

crys

قمیض

pwlofer

سوئیٹر

hwdi

ہوڈی

blaser

کوٹ

siaced

جیکٹ

côt

کوٹ

côt law

برساتی

gwisg

کاسٹیوم

gŵn

کپڑے

gwisg briodas

شادی نا جوڑا

siwt

سوٹ

gŵn nos

راتے نے کپڑے

pyjamas

پاجامہ

sari

ساڑھی

sgarff pen

سکارف

tyrban

پگڑی

bwrca

برقعہ

cafftan

کفتان

abaya

برقعہ

gwisg nofio

نہان والے کپڑے

trowsus nofio

انڈرونیر

siorts

نیکر

tracwisg

ٹریک سوٹ

ffedog

دھوتی

menig

دستانے

botwm

بٹن

sbectol

چشمہ

breichled

بریسلیٹ

cadwyn

ہار

modrwy

انگوٹھی

clustdlws

کنٹے

cap

ٹوپی

cambren

کوٹ ہینگر

het

ٹوپی

tei

ٹائی

sip

زپ

helmed

ہیلمٹ

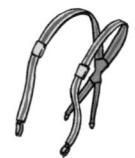

fframiau danedd

بریسز

gwisg ysgol

سکول نی وردی

gwisg

وردی

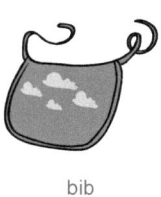

bib

بب

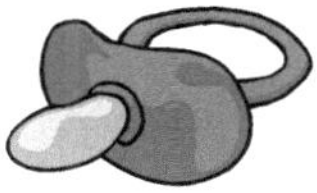

teth lwgu

ڈمی

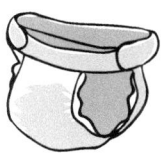

cewyn

ناپی

swyddfa

دفتر

gweinydd
سرور
cwrpwrdd ffeilio
فائلاں نے الماری
argraffydd
پرنٹر
papur
کاغذ
monitor
مانیٹر
desg
میز
llygoden
ماؤس
ffolder
فولڈر
bysellfwrdd
کی بورڈ
basged papur gwastraff
کچرے نا ڈبہ
cyfrifiadur
کمپیوٹر
cadair
کرسی

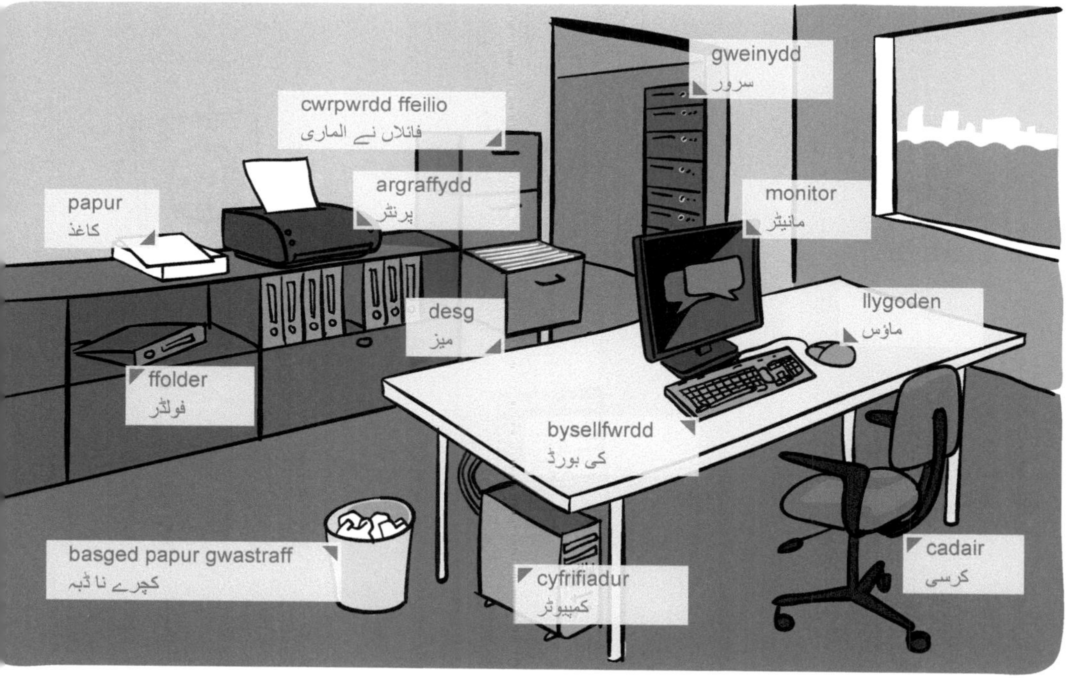

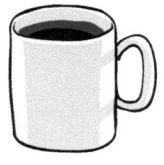

mwg coffi

کافی مگ

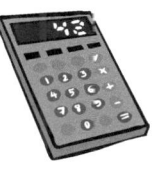

cyfrifiannell

کیلکولیٹر

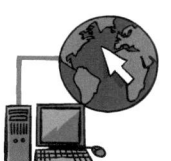

rhyngrwyd

انٹرنیٹ

gliniadur

لیپ ٹاپ

llythyr

خط

neges

پیغام

ffôn symudol

موبائل

rhwydwaith

کرو نیٹ

llungopïwr

فوٹو کاپئیر

meddalwedd

سافٹ ویئر

teleffon

ٹیلیفون

soced plwg

پلگ ساکٹ

peiriant ffacs

فکس مشین

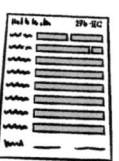

ffurflen

فارم

dogfen

دستاویزات

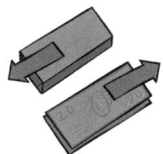

prynu

خریدنا

talu

ادا کرنا

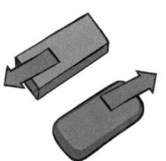

masnachu

تجارت

arian

پیسہ

doler

ڈالر

ewro

یورو

yen

ین

rwbl

رِبل

ffranc y Swistir

سویس فرانک

yuan renminbi

رینمینبی یوان

rwpi

روپیہ

peiriant arian

کیش پوائنٹ

swyddfa gyfnewid

ایکسچینج دفتر

aur

سونا

arian

چاندی

olew

تیل

ynni

توانائی

pris

قیمت

contract

معاہدہ

treth

ٹیکس

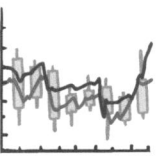

stoc

سٹاک

gweithio

کم

cyflogai

ملازم

cyflogwr

أجر

ffatri

فیکٹری

siop

بٹی

swyddi

پیشہ

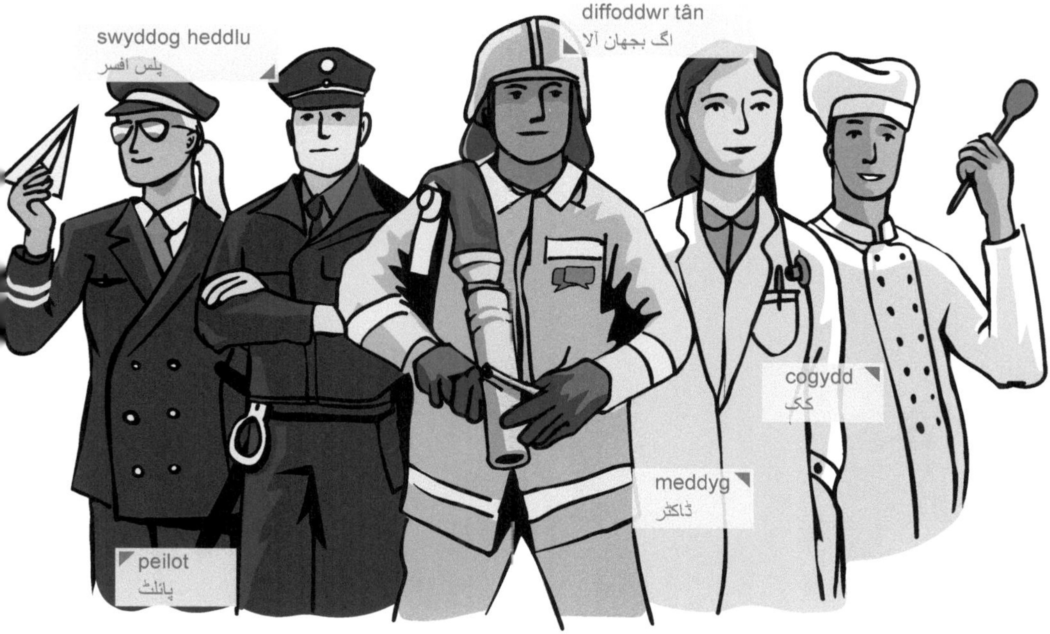
swyddog heddlu
پلس افسر
diffoddwr tân
اگ بجھان آلا
cogydd
کک
meddyg
ڈاکٹر
peilot
پائلٹ

garddwr

مالی

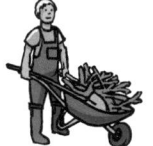

saer

برھئی

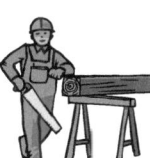

gwniadwraig

درزن

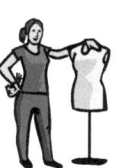

barnwr

جج

fferyllydd

کیمسٹ

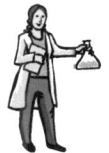

actor

ایکٹر

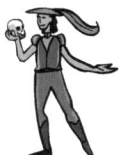

gyrrwr bws

بس ڈرائيور

gyrrwr tacsi

ٹيکسی ڈرائيور

pysgotwr

مچھيرا

glanhawraig

صفائی آلی جنانی

töwr

روفر

gweinydd

ويٹر

heliwr

شکاری

paentiwr

پينٹر

pobydd

بيکری آلا

trydanwr

اليکٹريشن

adeiladwr

تعميرات آلا

peiriannydd

انجينئر

cigydd

قصائی

plymiwr

پلمبر

dyn y post

پوسٹ مين

swyddi - پيشہ

milwr

سپاہی

pensaer

آرکیٹیکٹ

ariannwr

کیشئیر

gwerthwr blodau

پھلاں آلا

triniwr gwallt

نائی

archwiliwr tocynnau rheilffordd

کنڈکٹر

mecanydd

مکینک

capten

کپتٰن

deintydd

دندان ساز

gwyddonydd

سائنس دان

rabi

ربٰی

imam

امام

mynach

رابب

clerigwr

انگریز

offer
ٹولز

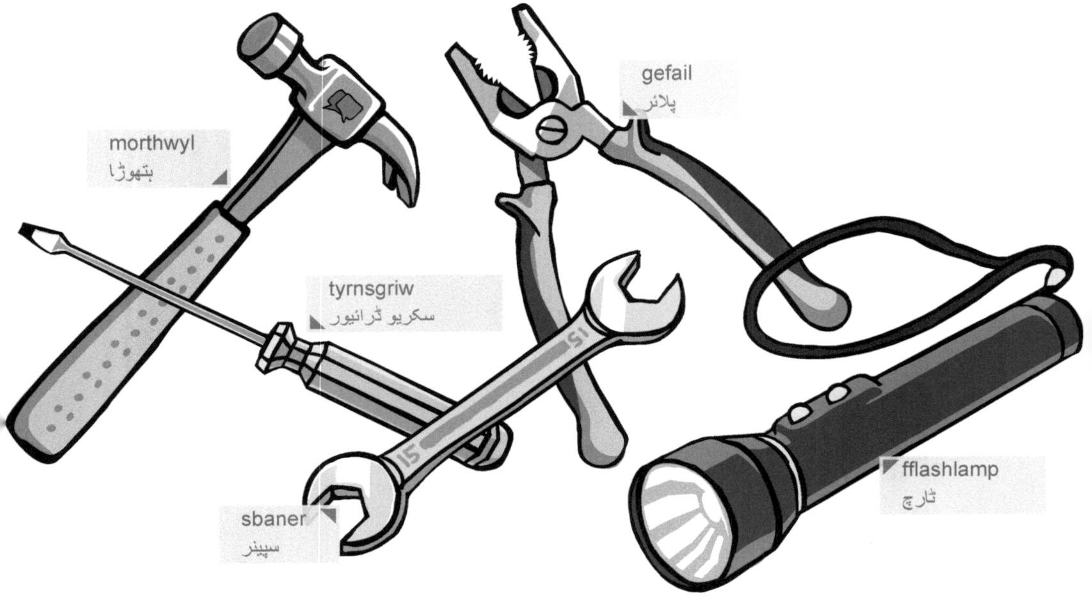
morthwyl
ہتھوڑا
gefail
پلائر
tyrnsgriw
سکریو ڈرائیور
sbaner
سپینر
fflashlamp
ٹارچ

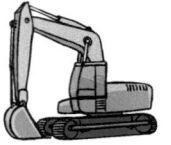

turiwr

پھاوڑا

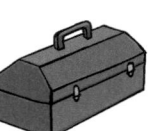

blwch offer

ٹول باکس

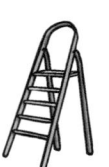

ysgol

سیڑھی

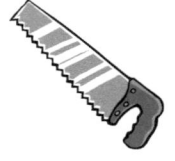

llif

آری

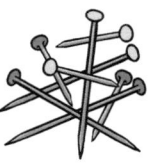

hoelion

کیل

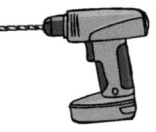

dril

ڈرل

trwsio

مرمت

rhaw

شاول

Daria!

لعنت!

rhaw lwch

ڈسٹ پین

pot paent

پینٹ پاٹ

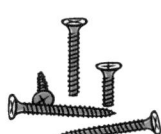

sgriwiau

سکریوز

offerynnau cerdd

موسیقی نے آلات

uchelseinydd

لاؤڈ سپیکر

set drymiau

ڈرم کٹ

gitâr

گٹار

bas dwbl

ڈبل بیس

trwmped

نرسنگے

piano

پیانو

ffidil

وائلن

bas

بیس

timpani

ٹمپانی

drymiau

ڈرمز

cyweirfwrdd

کی بورڈ

sacsoffon

سیگزو فون

ffliwt

بانسری

meicroffon

مائکروفون

teigr
چیتا

mynediad
داخلہ

cawell
پنجرہ

sebra
زیبرا

bwyd anifeiliaid
جانوروں دا کھانا

panda
پانڈا

anifeiliaid

جانور

eliffant

ہاتھی

cangarŵ

کینگرو

rhinoseros

گینڈا

gorila

گوریلا

arth

ریچھ

camel

اونٹ

estrys

شترمرغ

llew

شیر

mwnci

باندر

fflamingo

فلیمنگو

parot

طوطا

arth wen

برفانی ریچھ

pengwin

پینگوئین

siarc

شارک

paun

مور

neidr

سنپ

crocodeil

مگرمچھ

gofalwr sŵ

چڑیا گھر دا رکھوالا

morlo

سیل

jagwar

جیگوار

merlyn

پونی

llewpard

لیپرڈ

hipo

ہپو

jiráff

زرافہ

eryr

چیل

baedd

نر سور

pysgodyn

مچھی

crwban

کچھوا

walrws

والرس

llwynog

لومبڑ

gafrewig

گیزل

pêl-droed America
امریکن فٹبال

beicio
سائیکلنگ

tennis
ٹینس

pêl-fasged
باسکٹ بال

nofio
سوئمنگ

bocsio
باکسنگ

hoci iâ
آئس ہاکی

pêl-droed

فٹبال

badminton

بیڈ منٹن

athletau

ایتھلیٹکس

pêl-law

ہینڈ بال

sgïo

سکیینگ

polo

پولو

gweithgareddau
کم

chwerthin
ہنسنا
neidio
چھال مارنا
cofleidio
چھپی پانا
cerdded
چلنا
canu
گانا گانا
breuddwydio
خواب
gweddïo
دعا
cusanu
بوسہ

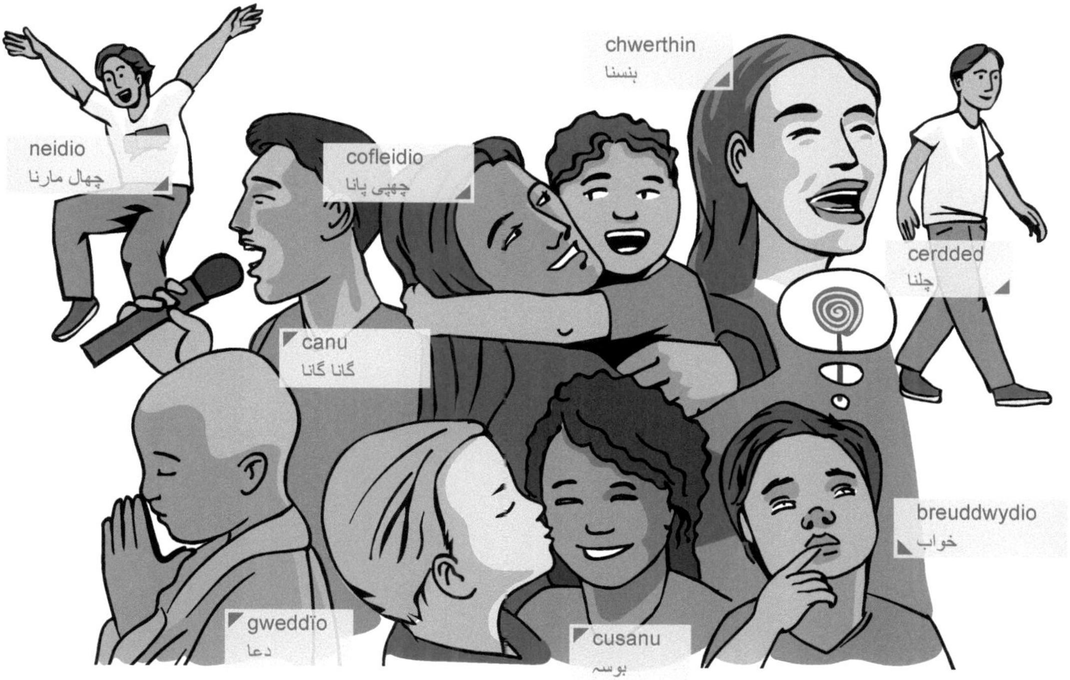

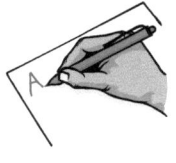

ysgrifennu

لکھنا

tynnu

لیک لانا

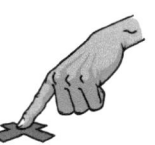

dangos

وکھانا

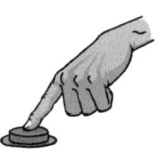

gwthio

دھکا

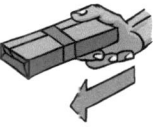

rhoi

دینا

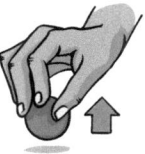

cymryd

لینا

bod gan

بے وے

gwneud

کرنا

bod

ہو

sefyll

کھلونا

rhedeg

دوڑنا

tynnu

چیھکنا

taflu

سٹنا

disgyn

ٹھینا

gorwedd

جھوٹ

aros

انتظار

cario

چکنا

eistedd

بیٹھنا

gwisgo amdanoch

کپڑے پانا

cysgu

سونا

deffro

جاگنا

edrych ar

ویکھنا

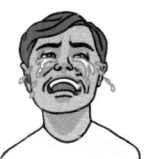

crïo

رونا/چلانا

anwesu

سٹروک

cribo

کنگھا

siarad

گل کرنا

deall

سمجھنا

gofyn

پوچھنا/دسنا

gwrando

سننا

yfed

پینا

bwyta

کھانا

tacluso

تیار ہونا

caru

محبت

coginio

پکانا

gyrru

گڈی چلانا

hedfan

اڑنا

hwylio

سمندری سفر

cyfrifo

کیلکولیٹ

darllen

پڑھنا

dysgu

سیکھنا

gweithio

کم

priodi

شادی

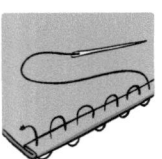

gwnïo

سیونا

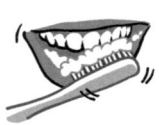

brwsio dannedd

دند صاف

lladd

قتل

ysmygu

دھواں

anfon

بھیجنا

teulu

کنبہ

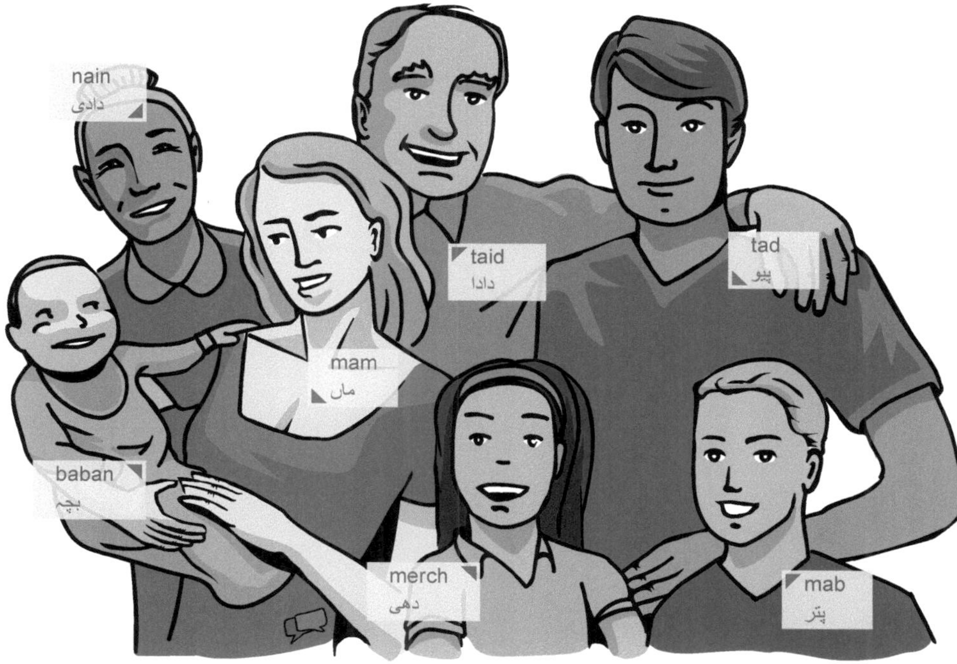

nain
دادی
taid
دادا
tad
پیو
mam
ماں
baban
بچہ
merch
دھی
mab
پتر

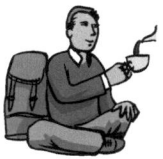

gwestai

مہمان

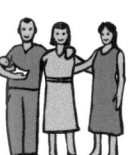

modryb

ماسی / پھو

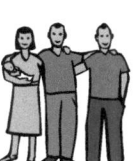

ewythr

چاچا/ماما

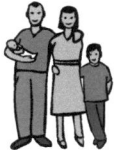

brawd

بھرا

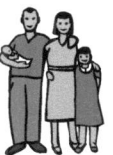

chwaer

بہن

corff

جسم

talcen
متھا
llygad
اکھ
ysgwydd
منڈھے
bys
انگلی
wyneb
منہ
gên
ٹھوڑی
llaw
ہتھ
coes
لت
bron
چھاتی
braich
بانہ

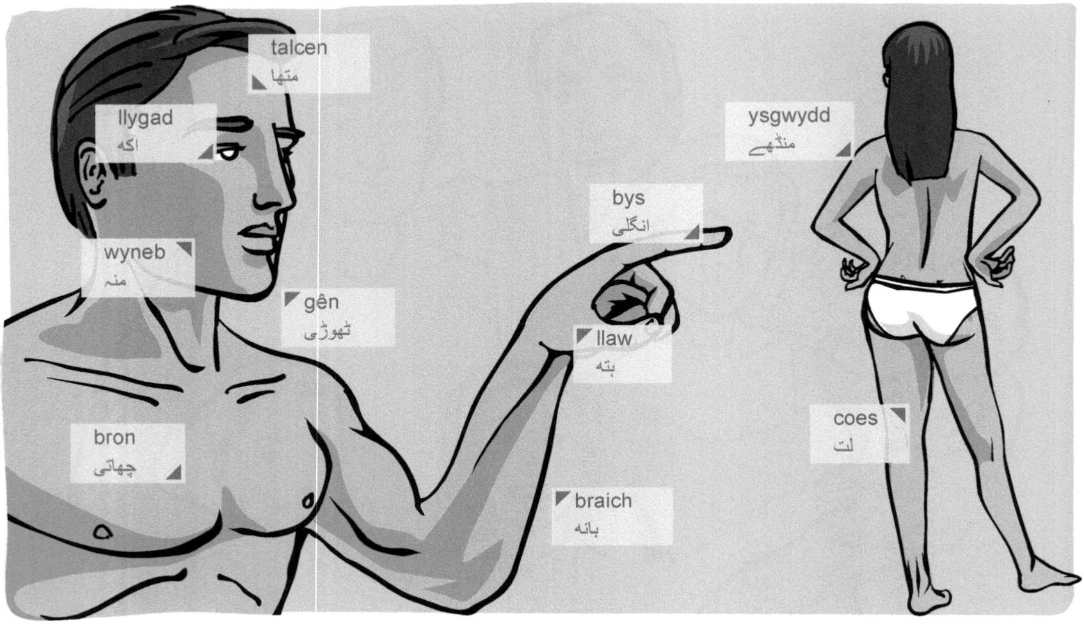

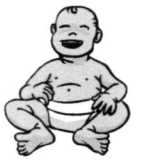

baban

بچہ

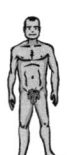

dyn

بندہ

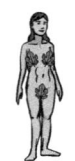

gwraig

جنانی

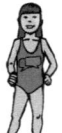

geneth

کڑی

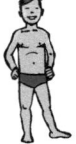

bachgen

مڑا

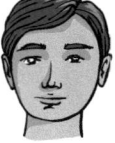

pen

سر

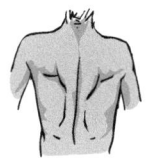

cefn

كمر

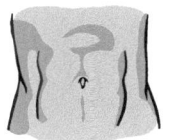

bel

تِهِدّ

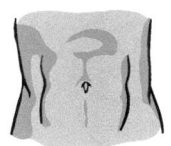

bogail

تھنی

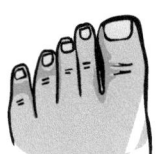

bys troed

پنجہ

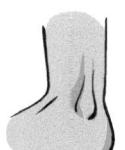

sawdl

اٹّی

asgwrn

بڈّھ

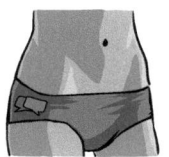

clun

کولہے

pen-clin

گوڈے

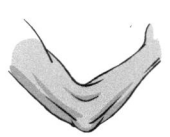

penelin

کہنی

trwyn

نک

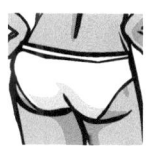

pen ôl

زیر جامہ

croen

کھل

boch

گلاں

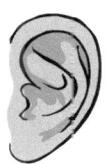

clust

کن

gwefus

بل

ceg

منہ

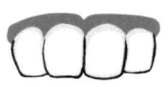

dant

دند

tafod

زبان

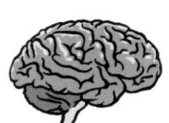

ymennydd

دماغ

calon

دل

cyhyr

پٹھے

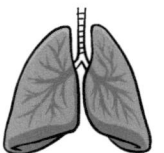

ysgyfaint

پھیپھڑے

iau

جگر

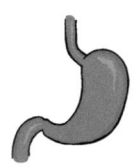

stumog

معدہ

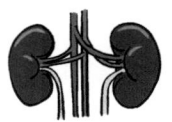

arennau

گردے

rhyw

جنس

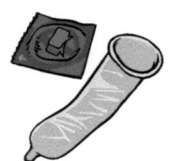

condom

کنڈم

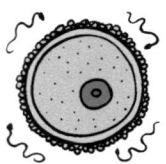

ofwm

انڈے

semen

منی

beichiogrwydd

حمل

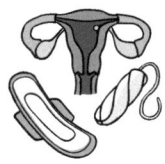

mislif

حيض

faᵹina

اندام نـانى

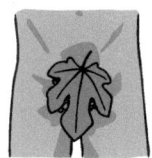

pidyn

عضو تناسل

ael

بهرو

gwallt

بال

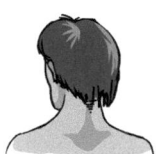

gwddf

گردن

ysbyty
هسپتال

ysbyty
هسپتال
ambiwlans
ایمبولنس
cadair olwyn
وهیل چئیر
torasgwrn
فریکچر

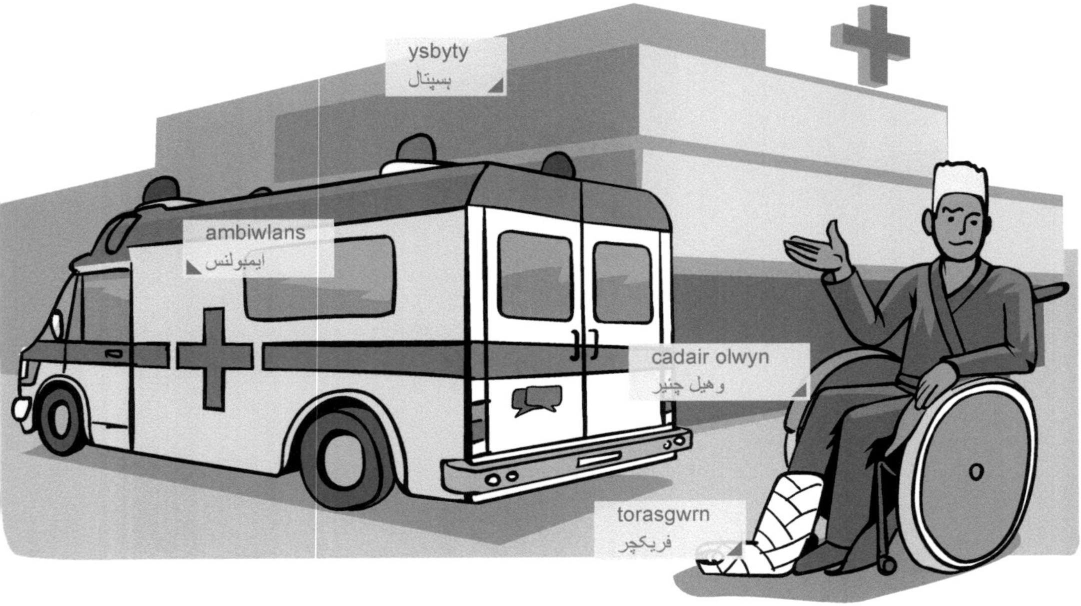

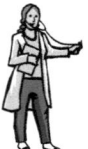

meddyg

ڈاکٹر

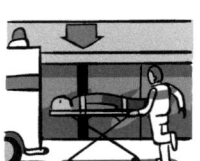

ystafell argyfwng

ہنگامی کمرہ

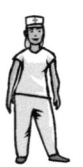

nyrs

نرس

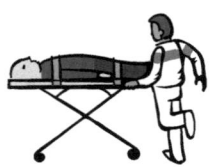

argyfwng

ایمرجنسی

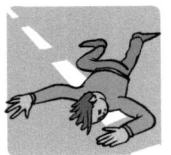

anymwybodol

بے ہوش

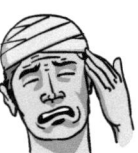

poen

درد

anaf

سٹ

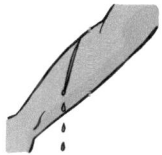

gwaedu

خوں نکلنا

trawiad ar y galon

دل نا دوره

strôc

فالج

alergedd

الرجی

peswch

کھنگ

twymyn

تپ

ffliw

نزلہ

dolur rhydd

اسہال

cur pen

سر درد

canser

کینسر

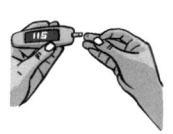

diabetes

شوگر(ذیابطس)

llawfeddyg

سرجن

fflaim

سکیلپیل

gweithrediad

آپریشن

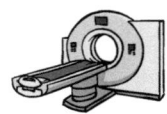

CT

سی ٹی

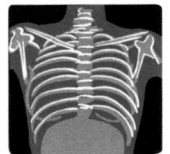

pelydr-x

ایکسرے

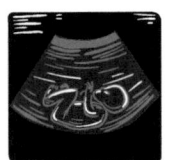

uwchsain

الٹرا ساؤنڈ

mwgwd wyneb

چہرہ نا ماسک

clefyd

بماری

ystafell aros

انتظار گاہ

bagl

بیساکھی

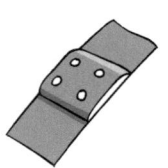

plastr

پلستر

rhwymyn

پٹی

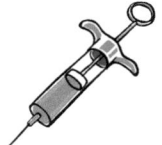

pigiad

ٹیکہ

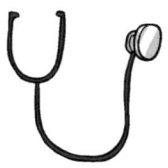

stethosgop

سٹیتھوسکوپ

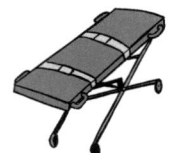

elorwely

اسٹریچر

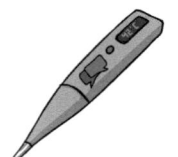

thermomedr clinigol

کلینکل تھرمومیٹر

genedigaeth

پیدائش

dros bwysau

زائدالوزن

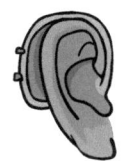

cymorth clyw

سنن لئی آله

diheintydd

جراثیمہ کش

haint

متعدی مرض

firws

وائرس

HIV ؛ AIDS

HIV؛AIDS

meddygaeth

دوائی

brechiad

ویکسینیشن

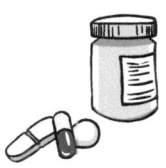

tabledi

گولیاں

y bilsen

گولی

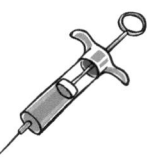

galwad frys

بنگامی کال

monitor pwysau gwaed

بلڈ پریشر مانیٹر

yn sâl / yn iach

بیمار / صحتمند

Help!

مدد!

larwm

الارم

ymosodiad

حمله

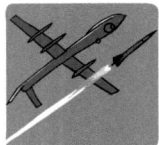

ymosodiad

حمله

perygl

خطره

allanfa argyfwng

بنگامی اخراج

Tân!

اگ!

diffoddwr tân

اگ بجاهن والا آله

damwain

حادثه

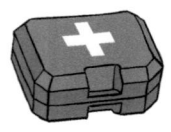

pecyn cymorth cyntaf

فرسٹ ایڈ کٹ

SOS

SOS

heddlu

پلس

Ewrop

یورپ

Gogledd America

شمالی امریکه

De America

جنوبی امریکه

Affrica

افریقه

Asia

ایشیاء

Awstralia

آسترلیا

Iwerydd

اتلانتک

y Môr Tawel

پیسیفک

Cefnfor yr India

بحیره هند

Cefnfor yr Antarctig

بحیره انتارکتک

Cefnfor yr Arctig

بحیره أرکتیک

Pegwn y Gogledd

قطب شمالی

Pegwn y De

قطب جنوبی

Antarctica

انتارکتیکا

y Ddaear

زمین

tir

خشکی

môr

سمندر

ynys

جزیره

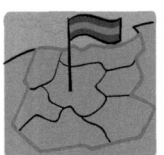

cenedl

قوم

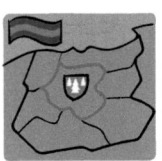

gwladwriaeth

ریاست

wyneb cloc

کلاک فیس

bys awr

نکی سونی

bys munud

وڈی سونی

bys eiliad

سیکنڈ ہینڈ

Faint o'r gloch yw hi?

کی ٹائم ہو یا اے؟

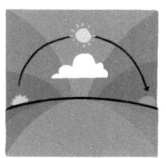

dydd

دن

amser

وقت

yn awr

ہون

cloc digidol

ڈیجیٹل گھڑی

munud

منٹ

awr

گھنٹہ

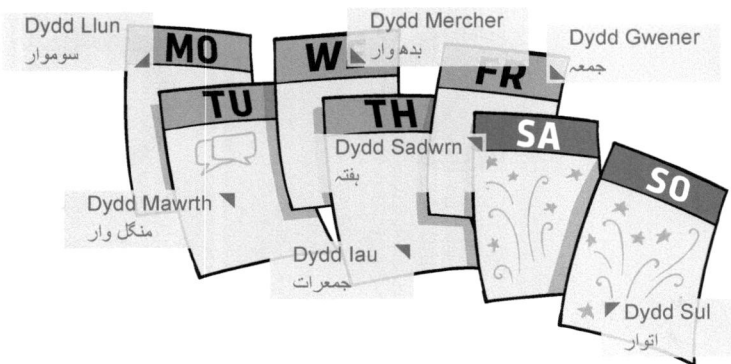

Dydd Llun
سوموار

Dydd Mercher
بدھ وار

Dydd Gwener
جمعہ

Dydd Mawrth
منگل وار

Dydd Sadwrn
ہفتہ

Dydd Iau
جمعرات

Dydd Sul
اتوار

ddoe

کل

heddiw

اج

yfory

کل

bore

سویر

canol dydd

دوپہر

noswaith

شام

MO	TU	WE	TH	FR	SA	SU
1	2	3	4	5	6	7
8	9	10	11	12	13	14
15	16	17	18	19	20	21
22	23	24	25	26	27	28
29	30	31	1	2	3	4

diwrnodiau busnes

کاروباری دن

MO	TU	WE	TH	FR	SA	SU
1	2	3	4	5	6	7
8	9	10	11	12	13	14
15	16	17	18	19	20	21
22	23	24	25	26	27	28
29	30	31	1	2	3	4

penwythnos

ویک اینڈ

glaw
بارش

enfys
رین بو

gwynt
ہوا

eira
برف

gwanwyn
بہار

haf
گرمی

hydref
خزاں

gaeaf
سردی

4.APRIL	11°	☀
5.APRIL	4°	⛅
6.APRIL	13°	⛅
7.APRIL	8°	☀
8.APRIL	10°	☀

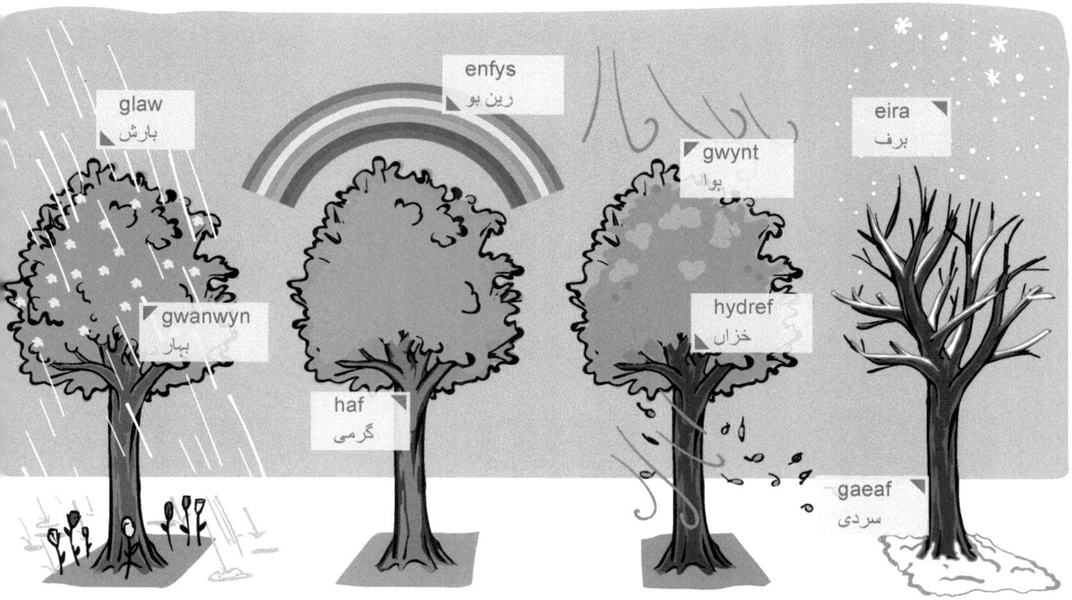

rhagolygon y tywydd

موسمی پیشگوئی

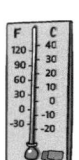

thermomedr

تھرمامیٹر

heulwen

سورج نے چمک

cwmwl

بدل

niwl tew

دھند

lleithder

نمی

mellt

بجلی کڑکنا

taranau

گرج

storm

نہیری

cenllysg

اولے

monsŵn

ساون

llif

سیلاب

iâ

برف

Ionawr

جنوری

Chwefror

فروری

Mawrth

مارچ

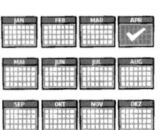

Ebrill

اپریل

Mai

مئی

Mehefin

جون

Gorffennaf

جولائی

Awst

اگست

Medi

ستمبر

Hydref

اكتوبر

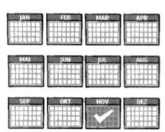

Tachwedd

نومبر

Rhagfyr

دسمبر

cylch

گول

sgwâr

چوکور

petryal

مستطيل

triongl

مثلث

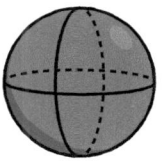

sffêr

دائره نما

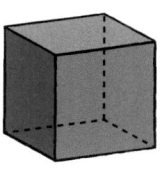

ciwb

مكعب

gwyn

چٹا

melyn

پیلا

oren

نارنجی

pinc

گلابی

coch

رتا

porffor

جامنی

glas

نیلا

gwyrdd

ہرا

brown

کتھئی

llwyd

سرمئی

du

کالا

llawer / ychydig

زیاده / گھٹ

dig / tawel

ناراض / پرسکون

hardd / hyll

خوبصورت / بدصورت

dechrau / diwedd

ابتداء / اختتام

mawr / bach

وڈ / نکا

llachar / tywyll

روشن / نهیرا

brawd / chwaer

بهرا / بہن

glân / ɔudr

صاف / گندا

gyflawn / anghyflawn

مکمل / نا مکمل

dydd / nos

دن / رات

farw / yꞋ fyw

مرده / اندہ

eang / cul

چوڑا / تنگ

bwytadwy / anfwytadwy

خوردنی / ناقابل خوردنی

drwg / caredig

پھیڑا / چنگا

llawn cyffro / diflasu

خوش / ناخوش

tew / tenau

موٹا / پتلا

cyntaf / olaf

پہلا / آخری

cyfaill / gelyn

دوست / دشمن

llawn / gwag

بھریا / خالی

caled / meddal

سخت / نرم

trwm / ysgafn

بھاری / ہلکا

wedi newynnu / yn sychedig

بھوک / پیاس

yn sâl / yn iach

بیمار / صحتمند

anghyfreithlon / cyfreithiol

قانونی / غیر قانونی

deallus / twp

ذہین / بیوقوف

chwith / dde

کھبا / سجا

agos / pell

کولے / دور

newydd / wedi'i ddefnyddio

نواں / پرانا

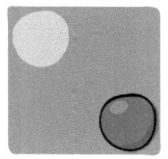

dim / rhywbeth

کچھ نئیں / سب کچھ

hen / ifanc

بڈھا / جوان

ymlaen / i ffwrdd

کھولنا / بند کرنا

ar agor / ar gau

کھولنا / بند کرنا

tawel / uchel

خاموشی / شور

cyfoethog / tlawd

امیر / غریب

cywir / anghywir

درست / غلط

garw / llyfn

کھردرا / ہموار

trist / hapus

افسردہ / خوش

byr / hir

نکا / لما

araf / cyflym

آہستہ / تیز

gwlyb / sych

گیلا / خشک

cynnes / claear

گرم / ٹھنڈا

rhyfel / heddwch

جنگ / امن

0

sero

صفر

1

un

اک

2

dau

دو

3

tri

تن

4

pedwar

چار

5

pump

پنج

6

chwech

چھ

7

saith

ست

8

wyth

اٹھ

9

naw

نو

10

deg

دس

11

un deg un

یاراں

12

un deg dau

باران

13

un deg tri

تیران

14

un deg pedwar

چودا

15

un deg pump

پندره

16

un deg chwech

سولہ

17

un deg saith

ستاراں

18

un deg wyth

اٹھاراں

19

un deg naw

انیہ

20

dau ddeg

وی

100

cant

سو

1.000

mil

ہزار

1.000.000

miliwn

ملین

Saesneg

انگریزی

Saesneg America

امریکی انگریزی

Tsieinëeg Mandarin

چینی مینڈیرین

Hindi

ہندی

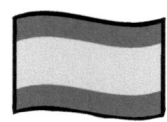

Sbaeneg

سپینش

Ffrangeg

فرینچ

Arabeg

عربی

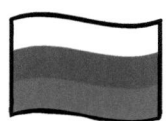

Rwseg

رشّئین

Portiwgaleg

پرتگالی

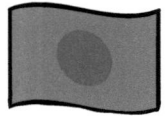

Bengali

بنگالی

Almaeneg

جرمن

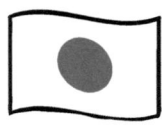

Siapanaeg

جاپانی

fi

میں

ti

توں

ef / hi

وہ/اوہ/ایہہ

ni

اسیں

chi

توں

nhw

او

pwy?

کون؟

beth?

کی؟

sut?

کیویں؟

ble?

کتھے؟

pryd?

کدوں؟

enw

ناں

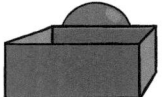

y tu ôl i

پچھے

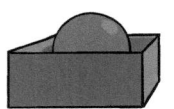

yn / yng / ym / mewn

وچ

o flaen

نے سامنے

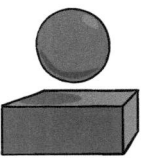

dros

تے

ar

تے

dan

بیٹ

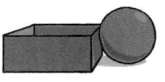

wrth ochr

سوا

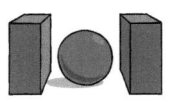

rhwng

مابین

lle

جگہ